DECLARATION DV ROY

Sur l'Edict de creation & restablissement des officiers de Finance triannaux.

Auec le Rolle faict au Conseil d'Estat du Roy des
Offices triannaux qui ne sont particulierement
exprimez par l'Edict de creation.

OVYS par la grace de Dieu Roy de
Frāce & de Nauarre, A tous nos ame z &
feaux les gens tenās nostre Cour des A y-
des à Paris, Salut. Sur ce qui nous auroit
esté remonstré que nostre Edict du mois de
contenant la creation & restablissement des offices
triannaux vous ayant esté presenté auec les articles
par nous accordés à aucuns de nos officiers definan-
ce, Vous auriez differé de proceder à la verification
& registrement dudit Edict & articles, pource que
par vne clause contenuë en iceux, Nous aurions
euocqué en nostre Conseil tous les proces & differens qui pourroient naistre en consequēce d'iceluy
traicté, & que si ceste euocation auoit lieu, ce seroit
retrancher vne bonne partie de la Iurisdiction qui
appartient à vos charges, suiuant les reglemens,
Edicts & ordonnances des Roys nos predecesseurs.
A quoy desirant pouruoir & vous faire cognoistre
que nostre intention n'a poinct esté de diminuer au-

E

eutte chose de vos droicts, ains de vous conseruer
le pouuoir & l'authorité qui à de tout temps esté at-
tribuée. Pour ce est il qu'en interpretant l'article
dudit traicté, contenant ladite euocation, & a-
pres auoir ouy sur ce nosdits officiers de finances
Nous disons, declarons, voulons & nous plaist,
que vous puissiez iuger tous proces & differens qui
interuiendront, tant à l'occasion de nostredit Edict,
qu'en execution des articles dudit traicté, confor-
mément à nos anciens Edicts & ordonnances, fors
pour les differents qui surniendront entre nosdicts
officiers pour raison de la taxe desdits offices triannaux, laquelle attendu qu'elle a esté faite en nostredit Conseil, Nous voulons que priuatiuemét à tous
nos autres Iuges quelconques la cognoissance y soit
reseruée, pour y estre les proces qui naistrôt en con-
sequéce d'icelle iugez & terminez entre les parties,
car tel est nostre plaisir.

Donné à Paris le 21. iour du mois de Iuin 1616. Et
de nostre regne le septiesme.

Signé, LOVYS.

Et plus bas par le Roy.

DE LOMENIE.

Et seellées sur simple queuë de cire iaune,

ROOLLE DES OFFICES TRIANNAVX

qui ne sont particulierement exprimez par l'Edict de creation faict par le Roy des offices Triannaux du mois de Nouembre 1615. & neantmoins compris en iceluy soubs la clause generale de creation de tous offices de la generalité, portée par ledit Edict, ausquels sa Majesté veut & ordonne estre pourueu suiuant iceluy.

DE V X Offices Triannaux de Tresoriers des deux compagnies des cent gentilshommes de la maison du Roy.

Vn office de Tresorier des offrandes.

Les quatre Tresoriers des quatre compagnies des gardes du corps de sa Majesté.

Des offices des Tresoriers des reparations & fortifications és lieux où il y en à d'anciens & alternatifs és prouinces de Languedoc, Bourgongne, Dauphiné & Lyonnois.

Des Controlleurs generaux esdites charges.

Des Receueurs generaux & particuliers des traictes foraines.

Des Controolleurs esdites charges.

Des Receueurs generaux & particuliers & gardes des mesurages, creuës & gabelles aux tabliers d'Ingrande, Angers, Saumur & autres lieux en Anjou.

Des Controolleurs esdites charges.

Des Tresoriers & Receueurs du domaine és lieux où il y à fonds pour le payement desdits gages.

Des Controlleurs generaux particuliers du domaine.

Des Tresoriers des mortes payes.

Des Controolleurs des mortes payes.

Vn office de Receueur des barages de la Preuosté

& Vicomté de Paris.

L'office de Payeur du Lieutenant de robe courte à Paris.

L'office de Receueur & payeur des gages des officiers ordonnez à la recepte du droict d'entrée des velours de Gennes & autres draps de soye entrans en la ville de Lyon.

Le Controolleur de ladite recepte.

L'office de Receueur & payeur des officiers ordonnez pour les droicts d'entrée qui se leuent sur les espiceries & drogueries entrans à Lyon.

Le Controolleur de ladite recepte.

L'office de Receueur & payeur des gages des officiers ordonnez à la recepte du droict des cinq pour cent en la Doüane de Lyon.

Les offices de Receueurs generaux & particuliers des gabelles és Prouinces de Languedoc & Lyonnois.

Le garde general des viures.

Faict au Conseil d'Estat du Roy tenu pour ses finances à Paris le 15. Iuin 1616.

Signé,   BONEL.

Extraict des Registres de la Cour des Aydes.

VEV par la Cour, les Chambres assemblées, les lettres patentes du Roy, en forme d'Edict données à Bordeaux au mois de Nouembre dernier signées LOVYS, & plus bas DE LOMENIE, à costé visa, & seellées de cire verte sur lacs de soye rouge & verte, portant creation & restablissemen des offices triennaux y mentionnez ; mandant à ladite Cour les faire lire, publier & registrer, & le contenu inuiolablement garder, nonobstant oppositions ou appellatiós, dont si aucunes interuenoi é sa Majesté auroit retenu & reserué la cognoissance, & à son Conseil d'Estat, & interdite à la Cour & tous autres. Articles accordées par sa Majesté à aucuns officiers de ses finances, en consequence dudit Edict, faits & arrestez en son Conseil d'Estat tenu pour ses finances à Tours le 23. Feurier dernier, Autres lettres patentes du Roy données à Paris le 21. Iuin aussi dernier, signées LOVYS, & plus bas par le Roy, DE LOMENIE, & seellées sur simple queuë de cire jaulne, par lesquelles sadite Majesté dit, declare, veut & luy plaist, que ladite Cour puisse iuger tous proces & differends qui interuiendront, tant à l'occasion dudit Edict qu'en execution desdits articles, fors pour les differends qui suruiendront entre lesdits officiers triannaux, pour raison de la taxe desdits offices, dont sadite Majesté se reserue la cognoissance en sondit Conseil, pour y estre les proces qui naistront en consequence d'icelle iugez & terminez entre les parties. Arrest de ladicte Cour du 30. dudit mois de Iuin, par lequel elle dict ne pouuoit entrer en la verification desdites lettres & articles : Autres lettres patentes de Iussion du troisiesme du present mois de Iuillet signées Louis, & plus bas par le Roy, De Lomenie, & seelldes du grand seau de cire jaune sur simple quenë, par lesquelles & pour les causes y contennës, sadite Majesté mande & tres-expressément enjoinct à ladicte Cour, que pour derniere & finale iussion, sans s'arrester audit arrest & causes motifues d'iceluy, elle ayt toutes autres affaires cessans, & postposez à proceder à la verification & enregistrement desdicts Edict, Articles & lettres patétes de poinct en poinct seló leur forme & teneur, sans aucune restriction, modification ne difficulté, ainsi que plus au long est

porté par lesdites lettres, Conclusions du Procureur du Roy, tout consideré. La Cour a ordonné &
ordonne que tres humbles remonstrances seront
faites au Roy sur le subject dudit Edict.

Faict à Paris en la Cour des Aydes le 9. iour de
Iuillet 1616.

Signé,   BERNARD.

Extraict des Regiſtres de la Cour des Aydes.

VEu par la Cour les Chambres aſſemblees, les
lettres patētes du Roy en forme d'Edict, données à Bordeaux au mois de Nouébre dernier, ſigné
LOVYS, & plus bas par le Roy de Lomenie, &
ſcellee de cire vette ſur le lacs de ſoye rouge & verte, portant creation & reſtabliſſement des offices
triannaux y mentionnez : Mandant à la Cour le faire lire, publier & regiſtrer, & le contenu prealable-
ment garder & obſeruer, nonobſtant oppoſitions
ou appellations quelconques dont ſi ancunes inter-
uenoient, ſadite Maieſté auroit reſerué la cognoiſſance à elle & à ſon Conſeil d'Eſtat, & interdite à
la Cour & à tous autres. Articles accordez par ſa
Maieſté à aucuns officiers de ſes finances en conſe-
quence dudit Edict faicts & arreſtez en ſon Conſeil
d'Eſtat tenu pour ſes finances à Tours, le xxiij. Feurier dernier. Auttres lettres patentes du Roy donnees à Paris le deuxieſme Iuin 1616. ſigné LOVIS
& plus bas de Lomanie, & ſcellees ſur ſimple quenë
de cire jaune, par leſquels ſadite Maieſté declare
veut, & luy plaiſt que ladite Cour puiſſe iuger
tous differends & proces qui interuiendront tant à
l'occaſion dudit Edict qu'en execution deſdits Ar-

ticles, fors pour les d'ifferends qui interuiendront
entre les Officiers Triannaux, pour raison de la
taxe desdits Offices, dont sadite Maiesté se reserue
la cognoissance en sondict Conseil, pour y estre les
procés qui naistront en consequence d'icelle iugez
& terminez entre les parties. Arrest de ladite Cour
du 30. de Iuin 1616. Par lequel elle dict ne pouuoir
entrer en la verification desdites Lettres, Articles,
Lettres patentes de sa Maiesté données à Paris le 3.
Iuillet au dict an signees L O V Y, & plus bas de
Lomenie, & scelles du grand seel, par lesquelles ladicte Majesté mande, & tres-expressement enioinct
à ladite Cour, que sans s'arrester audit Arrest &
causes motiues d'iceluy, elle ait tous affaires cessans
& postposez à proceder à la verification & en registrement dudit Edict, Articles, & Lettres patentes
du vingt & vn Iuin, de poinct en poinct seló la forme & teneur, sans aucune restrinction, modification, ny difficulté: Autre Arrest de ladite Cour, par
lequel est ordonné que tres-humbles remonstrâces
seront faictes à sa Majesté. Autres Lettres patentes
données à Paris le 19. Iuillet 1616. signees L O V I S,
& plus bas de Lomenie, & scellees du grand seel sur
simple queuë de cire jaune, par lesquels sadite Maiesté mande à ladite Cour prendre icelles pour premiere, seconde & finalle iussion, comme aussi de
tout autre plus expres commandement, que tous
affaires cessants & postposez, & sans s'arrester aux
remonstrances qui ont esté faictes & qui pourroient
estre faictes par apres sur ce suiet, lesquelles sadite
Maiesté tiant pour ouyes & entenduës, elle ayt à
proceder à la verification pure & simple dudit Edit,
ainsi qu'il est mandé par iceluy, sans y apporter aucune modification ny restrinction: Enioignant à

ses aduocats & Procureurs Genereaux requerir &
pourſuiure ladicte verification, & luy en apporter
l'Arreſt dans ce iour, nonobſtant le ſuſdict Arreſt,
ny autres choſes à ce contraires, auſquelles ſadite
Maieſté ne veut auoir eſgard. Acte d'oppoſition fait
au Greffe de ladite Cour, par les Officiers des Greniers à Sel de Coſne & St. Florentin, & Saincte
Menehoud, le 13. dudit mois de Iuillet, ouy le rap-
port des Commiſſaires deputez qui ont faict les remonſtrances, concluſions du Procureur General,
tout conſideré. LA Cour a ordonné & ordonne
que leſdites Lettres en forme d'Edict & Articles, ſeront regiſtrees au Greffe d'icelle, pour auoir lieu,
fors & excepté pour le faict des Grenetiers & Controlleurs des greniers à ſel du reſſort de ladite Cour,
à la charge que le fonds des gages des Receueurs &
Controlleurs de l'hoſtel de ceſte ville de Paris ne
pourra eſtre priué ſur le fonds des rentes de ladicte
ville, & que les differends qui interuiendront ſur le
faict dudit Edict & Articles ſeront inſtruicts & traictez en ladite Cour, ſuiuant les Edicts & Ordonnances. Faict à Paris en ladite Cour des Aydes le 20.
Iuillet 1616.

   Signé,   BERNARD.

A Noſſeigneurs de la Cour des Aydes.

SVPPLIENT humblement les Grenetiers &
Controlleurs des greniers à ſel: Diſant que par
Edict donné à Bourdeaux au mois de Nouembre
1615. eſt fait creatiõ d'vn Grenetier viſiteur & Con-
trolleur triannal en chacun grenier à ſel des Seneſ-
chauſſees & Prouinces ſubjectes à gabelle, à la verification duquel en ce qui concerne les ſupplians, ils
          deſireroient

defireroient s'oppofer , attendu qu'eſtant officiers
de Iudicature & non de finance , ils ne peuuent y
eſtre compris : Qui fut vne des raiſons pourquoy le
Roy Henry le grand de tres-heureuſe memoire , ne
trouua bon de les comprendre en l'Edict de 1597.
iugeant auſſi qu'il n'en tireroit pas grand ſecours , ſi
ce n'eſtoit en leur attribuant des droicts qu'il fau-
droit de nouueau impoſer ſur ſon peuple , comme
de faict ſi ledit Edict à lieu pour le regard , il ſaudra
impoſer quatorze deniers ſur chacun minot de ſel,
qui ſont cinquante ſix ſols pour muid , pour rendre
leſdits triannaux eſgaux aux anciens & alternatifs,
ainſi qu'il eſt ſuffiſamment porté par ledit Edict , en
ces termes , *Chacun deſdits officiers nouuellement creez &*
eſtablis , nous auons octroyé & attribué pareils & ſemblables
gages , droicts, taxations dont iouiſſent à preſent les anciens &
alternatifs : Leſdits ſupplians ont grandement occa-
ſions de s'oppoſer à ladite verification , attendu ce
que deſſus : Et pour ce que depuis leur creation ils
ont touſiours eſté affligez, ou pour recherche de de-
chet ou pour attribution, ou pour leur auoir oſté la
plus cotte partie de leurs fonctions qui eſtoit la recepte des droicts du Roy , par le moyen des baux
generaux des gabelles que depuis leur creation ont
eſté faits, leur oſtant de iour en autre quelque choſe
de leur charge , comme il a eſté fait au bail de Mai-
ſtre Thomas Robin pour les nouueaux ſubcides de
la riuiere de Loire , & de nouueau au bail fait à mai-
ſtre Iean Dagonne leur eſt oſté la recepte des 7. ſols
6. deniers cy deuant accordez au Collonnel Damp-
martin , & pour le rembourſement des officiers de
iudicature ſupprimez, & de ceux accordez pour les
gages des Secretaires du Roy , ſur leſquelles leuées
leſdits Grenetiers prenoiẽt leur droict de ſix deniers

pour liure, pour lequel depuis peu de iours ils ont
esté contraints payer grosse finance : D'ailleur
qu'estant lesdits officiers triannaux, les vns feroient
les descentes, les autres commanceroient les ven-
tes, & les autres les parracheueroient, qui seroient
cause des grands differens entre tant d'officiers pou[r]
ne sçauoir d'où procederoit la faute, ny en qu'elle
années les dechets expitez seroient arriuez : Les
supplians sçauent bien que par le troisiefme des articles accordez aux officiers pour la difposition def-
dits offices triannaux, ceux qui payeront volontai-
rement dans le temps qui leur sera prisix la finance
du triannal, mais ils craignent comme ils ont tou-
siours esté fort rigoureusement traictez, que la taxe
de leur triannal soit si excessiue qu'ils seront contraints les abandonner, qui seroit les ruiner entie-
rement, & tollir la vie de leurs enfans. Pour euiter
telle misere & subuenir le Roy en ses dignes affaires, comme il est necessaire que chacun face ce qu'il
pourra : Lesdits supplians supporteroient volótiers
chacun pour son regard, suiuant & conformémet
audit Edict la moitié des gages dont chacun d'eux
iouit à present, à raison du denier dix, pour estre
lefdits gages payez par les adiudicataires comme les
autres : Et en ce faisant qu'il pleust au Roy ordon-
ner que les supplians seroient ostez & distraits d'iceluy, ny qu'ores ny à l'aduenir ils ne pouroient estre
compris en aucuns Edicts des triannaux, comme
estant officiers de Iudicature & non de finance : Il y
à plusieurs autres raisons & considerations impor-
tantes & publicques que Monsieur le Procureur
general sçaura mieux representer & la Cour suppleer
que les supplians ne sçauroient exprimer, ils se con-
tenteront d'employer la Iustice ordinaire, & la sup-

plier tres-humblement de considerer que si ledict
Edict à lieu pour leur regard, la plus part d'eux seront ruinez pour auoir achepté leurs offices chere-
ment, & estre contraints de payer plusieurs taxes,
tant pour attribution qu'autrement, & quoy que
par ledit Edict il soit porté que pour desinteresser
lesdits officiers anciens & alternatifs de la finance
par eux baillée pour attribution & droicts par eux
acquis depuis l'année 1597. Iceux Triannaux rem-
bourseront le tiers de ladite finance : Lesdits supplians y ont vn notable interest, pource qu'ils ont
acquis les droicts dont ils iouissoient auparauāt l'an
née 1597. Lesquels partant lesdits triannaux ne seroient tenus de rembourser: C'est pourquoy lesdits
supplians perderoiët le tiers de leurs offices, d'auan-
tage est porté par ledict Edict qu'apres plusieurs
moyens proposez pour subuenir aux dignes affaires
du Roy, sa Majesté s'est arrestée à la creation & restablissement d'offices de finance qui ne peuuent
estre à charge à son peuple, ny porter autre preiudice que de gage sur ses finances, qui seroit contreue-
nir a l'intention du Roy en la creation desdits offices de Grenetiers & Controolleurs, lesquels comme a esté cy deuant representé sont officiers de Iudicature, & introduire vne nouuelle impositiō sur
le peuple, & preiudicier grandement au particulier
desdits supplians, au moyen dequoy ils ne peuuent
estre compris en cet Edict qui leur est si dommagea-
ble que la plus part d'eux seroient contraint d'abandonner leur vacation qu'ils ont choisie pour le seruice du Roy & le public & passer leurs iours auec
leur famille, n'ayant eu loisir de respirer depuis la
derniere contrainte qu'ils ont soufferte. Ce consideré, Nosseigneurs, Il vous plaise receuoir lesdits

suppliaus opposaus à la verification dudit Edict, en
ce qui les concerne cy deſſus, & vous ferez bien.

*Ayeut acte de leur oppoſition, & ſoit ſignifié au Procureur
general du Roy. Faict en la Cour des Aydes le premier iour
d'Aouſt 1616.*

LETTRES PATENTES DV ROY

LOVYS par la grace de Dieu Roy de France &
de Nauarre, A nos amez & feaux Conſeillers
les gens tenans noſtre Cour des Aydes à Paris, Salut.
Nous auons faict voir en noſtre Conſeil voſtre Arreſt du 21. Iuillet dernier, Contenant les modifica-
tions que vous auez apportées à la verification de
noſtre Edict du mois de Nouembre dernier, pour
la creation des officiers de finance triannaux, & entre autre l'exception pour le regard des Grenetiers
Controlleurs ſur le faict de l'oppoſition que
aucuns d'eux ont faite à la verification de noſtre-
dict Edict, qui eſt le ſeul poinct de noſtredit Edict,
qui depend de la verification de noſtredicte Cour,
Et quoy que nous vous ayons aſſés amplement &
particullierement fait entendre nos vouloirs & in-
tentions, tant de bouche que par eſcrit apres que
vous nous aués faict vos remonſtrances, & que leſdits Grenetiers & Controolleurs les ont auſſi faites
de leur part en noſtre Conſeil où nous nous ſômes
reſerués la cognoiſſance des oppoſitions qui pourroient interuenir à la verification de noſtredit Edict,
la ſeule neceſſité de nos affaires nous ayant meus de
faire ceſte creation, & nous preſſant de telle ſorte
que le retardement de ladite verification nous ap-
porte grand preiudice, & à pluſieurs de nos ſubiects

qui sont encores incommodés & molestés en beau-
coup de lieux, pour ne pouuoir donner moyen à
plusieurs de se retirer de tout poinct en leurs mai-
sons, comme il a esté arresté par le traicté de la paix
n'agueres faict. A ces causes & apres que nous auons
mis vostre dit Arrest cy attaché, contenant les mo-
difications en deliberation en nostre Conseil, où
estoient la Royne nostre tres honoree Dame &
mere, aucuns Princes de nostre sang & autres,
d'iceluy & de nos plaine puissance & authorité Roy
ale: Nous vous mandons & commandons, & tres-
expressément enjoignons par ces presentes pour ce
signees de nostre main, lesquelles prendrés pour finalle iussion, & autres plus exprés commandement
que sçauriés attendre de nous, que sans vous arrester
à vostredit arrest, causes motifues d'iceluy & modification y contenuë, que ne voulons auoir lieu,
vous ayez tous autres affaires cessans, & postposez
à proceder à la verification pure & simple de nostredit Edict, selon sa forme & teneur, autant que vous
sçaués que le secours que nous attendons de ceste
part, importe au bien de nostre seruice, & au repos
de cest Estat, car tel est nostre plaisir, nonobstant
qu'elconques Edicts, Ordonnances, lettres & cho-
ses à ce contraires, ausquels, & aux derogatoires y
contenuë: nous auons de nos mesmes puissances &
authorité, expressément derogé & derogeons par
ces presentes.

Donné à Paris le douziesme iour d'Aoust, l'an de
grace mil six cens seize, & de nostre regne le septiesme.   Signé,   LOVIS.

   Et plus bas, par le Roy.

          DELOMENIE.

Et seellee du grand seau de cire iaune, sur simple
queuë.

Extraict des Registres de la Cour des Aydes.

VEv par la Cour les Chambres assemblees les
lettres patentes du Roy en forme d'Edit donnees à Bordeaux au mois de Nouembre dernier, signees par le Roy, DE LOMENIE, à costé visa, &
seellees de cire verte, sur lacqs de soye rouge & verte, portant creation & restablissement des Officer
Triannaux y mentionnés, mandant à la Cour les
faire lire, publier & registrer, comme il est contenu par iceux articles accordés par sa Maiesté à aucuns des Officiers de ses Finances en consequence
dudit Edict, faicts & arrestez en son Côseil à Tours
le vingt-troisiesme Feurier aussi dernier, autres lettres patentes de sa Maiesté du vingt vniesme Iuin
mil six cens seize, par lesquelles sadite Maiesté declare & veut que ladite Cour puisse iuger tous differends & procez qui interuiendront, tant à l'occasion dudit Edict qu'en execution desdits articles,
fors les differends de la taxe des triannaux dont sadite Majesté se reserue la cognoissance en son Conseil. Arrest de la Cour du 30. Iuin audit an 1616. par
lequel elle dict ne pouuoir entrer en la verification
desdites lettres & articles, Autres lettres patentes
du troisiesme Iuillet audit an, portant iussion &
mandement à ladite Cour de verifier & enregistrer
lesdits Edicts & articles. Autre arrest de ladite Cour
par lequel est ordonné que tres-humbles remôstrances seroient faites à sa Majesté. Autres lettres paten-

tes du 19. dudict mois de Iuillet, par lesquelles est
mandé à la Cour prendre icelles pour premiere, seconde & finalle iussion, & proceder à la verification
pure & simple desdits Edicts & Articles. Acte d'op-
position faite au greffe de ladite Cour par les officiers
des greniers à sel de sainct Florentin, Cosne & saincte
Menehoust le 13. dudit mois de Iuillet. Arrest de ladite Cour du 20. dudit mois de Iuillet, par lequel est
ordonné que lesdites lettres en forme d'Edict & articles seroiét registrées au greffe pour auoir lieu, fors &
excepté pour le faict des Grenetiers & Controlleurs
des greniers à sel du restort de ladite Cour. Et à la
charge que le fonds des gages des Receueurs & Controlleurs de la ville de Paris ne pourroit estre prins sur
le fonds des rentes de ladite ville, & que les differents
qui interuiendront sur le faict dudit Edict & articles
seront instruits & terminez en ladite Cour, suiuant
les Edicts & Ordonnances. Autres lettres patentes
du 12. Aoust 1616. par lesquelles sa Majesté ayant fait
mettre ledit arrest en deliberation en son Conseil,
mande & enjoint que sans s'arrester aux causes mou-
ues d'iceluy, elle ait à proceder à la verification pure
& simple dudit Edict, ainsi que plus amplement est
porté par lesdites lettres. Roolle des officiers triannaux non particulierement exprimez audict Edict.
faict & arresté au Conseil d'Estat tenu à Paris le quin-
ziesme Iuin audit an, requeste presentee à la Cour par
les Grenetiers & Controolleurs des Greniers à sel, à
ce que pour les causes & considerations y contenuës
il luy pleust les receuoir opposans à la verification
dudit Edict, en ce qui les concerne, dont leur auroit
esté donné acte, & ordonné estre signifié au Procureur general du Roy, la signification, autres requestes
presentees à ladite Cour par les officiers des mesura-

ges à sel d'Ingrande, Saumur & Angers à ce que pour
les causes y contenuës il luy pleust en interpretant
l'arrest de verification du vingtiesme Iuillet, declarer
que ladite signification à esté faicte, à la charge que
lesdits offices des mesurages ne seroyent comprins
audit Edit, non plus que ceux des Greniers à sel, conclusions du Procureur general du Roy. Tout consideré, la Cour les Chambres assemblees, auant que
faire droict sur lesdites lettres, à ordonné & ordonne
que les Grenetiers & Controolleurs se retireront par
deuers le Roy en son Conseil sur les offres, & cepen-
dantque lesdites requestes desdits officiers des mesurages à sel d'Ingrande, Saumur & Angers, seront cõ-
muniquee au Procureur General du Roy, prononcé
le trente-vniesme iour d'Aoust mil six cens seize.

Signé,   **BERNARD.**